1885 février 20

VENTE

ÉVA GONZALÈS

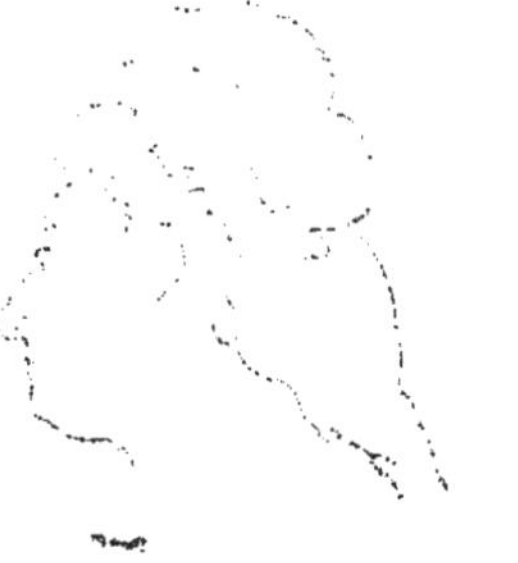

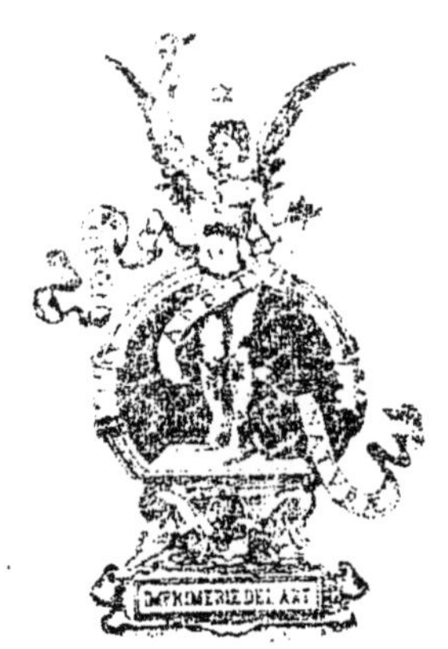
IMPRIMERIE DE L'ART

VENTE

ÉVA GONZALÈS

PARIS. — IMPRIMERIE DE L'ART

E. MÉNARD ET J. AUGRY, 41, RUE DE LA VICTOIRE

CATALOGUE

DES

TABLEAUX

PASTELS — AQUARELLES

PAR

ÉVA GONZALÈS

DONT LA VENTE AURA LIEU

HOTEL DROUOT, SALLE N° 4

Le Vendredi 20 Février 1885

A DEUX HEURES

Me ROBERT LE SUEUR
COMMISSAIRE-PRISEUR
29, rue Le Peletier, 29

M. F. JACOB
EXPERT
7, rue Drouot, 7

Avec le concours de **M. DURAND-RUEL**, 1, rue de la Paix.

EXPOSITION PUBLIQUE

Le Jeudi 19 Février, de 1 heure à 5 heures 1/2

Le Catalogue se distribue chez :

Me Robert LE SUEUR, commissaire-priseur,
29, rue Le Peletier, 29

M. DURAND-RUEL, expert, 1, rue de la Paix.

M. F. JACOB, expert, 7, rue Drouot.

A ***la Vie moderne,*** 30, place Saint-Georges.

CONDITIONS DE LA VENTE

Elle sera faite au comptant.

Les adjudicataires paieront *cinq pour cent* en sus des enchères.

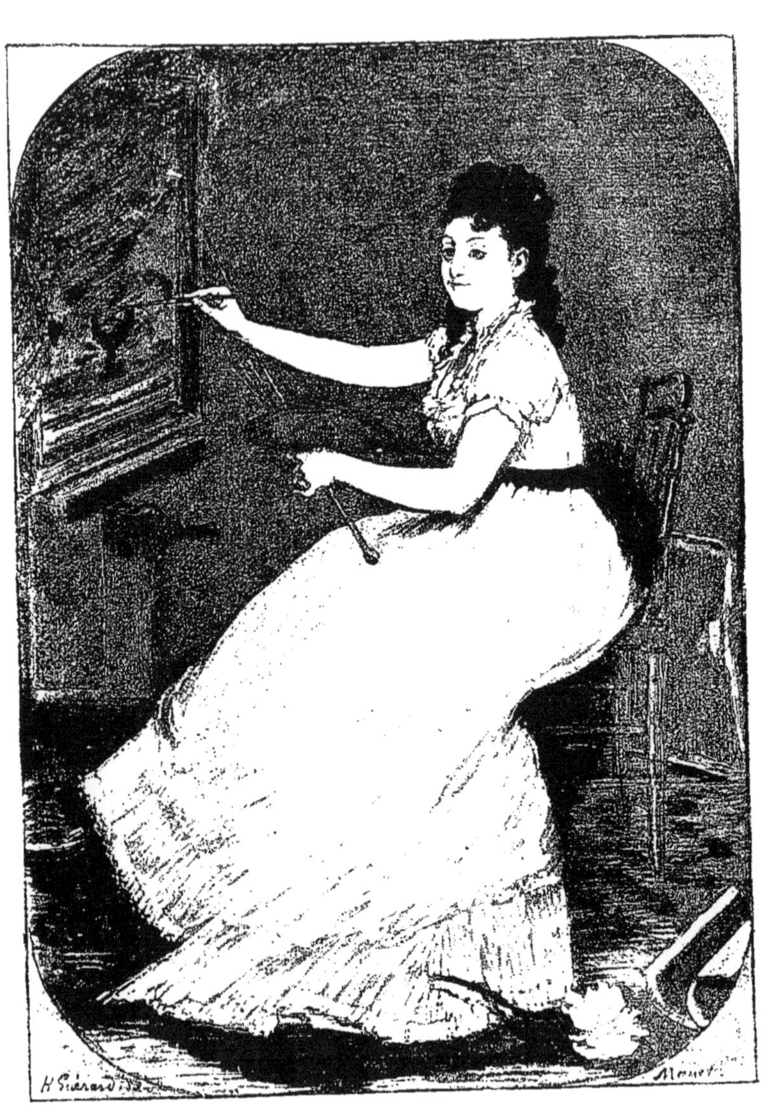

A mon ami Henri Guérard.

I

L'exposition *des œuvres d'Éva Gonzalès vient de se clore, et l'on en peut, aujourd'hui, constater le grand succès. La critique unanime a salué de ses louanges l'artiste si prématurément disparue, dans l'épanouissement de sa jeunesse et à l'aurore de sa gloire. Il n'y a pas eu de note discordante, et, partout, dans les journaux de la province, dans les journaux de l'étranger, comme dans les journaux de Paris, le jugement a été le même. On est entré avec curiosité dans les salons de* la Vie Moderne, *ne connaissant guère qu'un nom, se souvenant de tableaux aperçus, certaines années, dans le tohu-bohu du Palais de l'Industrie. On en est sorti, ému, troublé, ravi par cette révélation complète d'un talent hors ligne.*

Tout a été raconté sur Éva Gonzalès, et, plus que jamais, devant son triomphe posthume, sa famille, ses amis, ses admirateurs ont ressenti la douleur de sa fin si prompte. D'autres aussi la pleurent qui n'étaient point de ses familiers. Il suffit d'aimer l'art, pour éprouver une tristesse profonde, en songeant que celle qui l'a tant honoré n'est plus parmi nous. Ayant tout vu, on se demande pourquoi son agile et délicat pinceau s'est immobilisé, et l'on éprouve un deuil instinctif, à l'idée des chefs-d'œuvre probables, annoncés par des chefs-d'œuvre visibles, que nous avons perdus. Quelle carrière superbe subitement rompue !

II

LES *esthéticiens se sont plu à diviser le bagage déjà considérable d'Éva Gonzalès en deux parts, en deux manières : ils attribuent la première à l'influence de Chaplin, la seconde à l'influence de Manet. Certainement sa double éducation chez le maître du plein air et chez le maître de la grâce féminine a laissé des traces manifestes. Avec l'un, elle a contracté l'habitude d'assouplir les modelés, d'arrondir les traits et de dégrader les nuances ; avec l'autre, elle a appris la franchise d'expression, l'amour de l'air et du mouvement, l'interprétation sincère des ambiances, des reflets et des ombres. Cette beauté pleine de charmes, dont les yeux sont noyés, dont l'attitude séduit, dont les formes ondulent sous la blancheur du linge, c'est Chaplin. La vie qui l'anime, l'atmosphère où elle respire, les transparences et les perspectives, c'est Manet. S'être inspirée de ces leçons opposées, avoir uni après analyse, dans une synthèse raisonnée, ces interprétations si diverses du naturel et de la nature, avoir marié l'idéal et le réel, c'est une originalité, et je ne vois aucune audace à dire qu'Éva Gonzalès, de ces deux personnalités, très tranchées, sut en tirer une troisième, la sienne.*

Cela n'est pas venu tout de suite ; l'élève se retrouve dans la plupart des morceaux du début ; puis, peu à peu les tentatives d'affranchissement se manifestent, un souffle d'indépendance court, un esprit nouveau et une vision particulière se révèlent. L'ère de la maîtrise s'ouvre. L'artiste se possède enfin. Éva Gonzalès devient Éva Gonzalès.

III

Rien n'est d'ailleurs plus aisé que de suivre cette marche vers l'émancipation définitive dans la très intéressante et très complète collection qui va être mise en vente. Là aussi, les efforts, les progrès, les évolutions sont saisissables. On y découvre sans peine les recherches de l'origine et les trouvailles de la maturité. Et, remarquez-le, aucun genre n'est omis. Les études des chairs nacrées et des draperies soyeuses rappellent l'enseignement primitif. Et, tout à coup, le domaine des investigations s'élargit : le paysage est abordé, et les fleurs, et les fruits, et les natures mortes, et les scènes d'intérieur, et la figure. Peinture à l'huile, aquarelle, pastel, eau-forte même, ont tenté tour à tour cet esprit curieux de bien voir et de bien exprimer.

Considérez cette délicieuse toile, où une fraîche adolescente, penchée sur son clavier, oublie son cahier de musique pour quelque volume défendu et d'autant plus précieux, qu'elle dévore en cachette. Quelle douce et claire tonalité, quel goût dans l'arrangement ! Le corps s'abandonne et se moule sous la toilette blanche, rayée de bandes noires, et le mouvement est juste des pieds à la tête.

La Loge aux Italiens *a des fermetés et des énergies vraiment viriles. Les difficultés sont attaquées de face, les lumières sont brusquement posées sur les visages, le visage de la spectatrice qui regarde attentivement la scène et le visage du spectateur qui regarde amoureusement la spectatrice. Le bouquet posé sur la tablette intérieure est brossé hardiment, et le papier qui l'enveloppe blanchit sous l'ardeur des lustres. Et, pour souligner et faire ressortir ces couleurs nettes des fleurs, des étoffes, des personnages, l'ombre s'épaissit alentour, dans les fonds, et les silhouettes se détachent nettement, respirent et pensent.*

La Femme en bleu *est, à la fois, crâne et sobre, dans une gamme simple d'une exquise délicatesse d'exécution.*

Dans le Sommeil, *n'est-ce pas un charme délicieux qui s'échappe des sinuosités de ce beau corps alangui, qui semble soulever la fine toile où il s'enferme? Et, à côté de cet abandon et de cette souplesse, les accessoires sont traités avec une sûreté singulière. La chaise se détache, auprès du lit, rigoureusement, en des lignes sûres, tracées d'une main qui n'hésite pas.*

Autour de Miss et Bébé, *l'air circule; la*

gouvernante sèche et droite trahit son caractère revêche, tandis que l'enfant s'amuse à fureter sous les feuillages. Le jardin s'enfonce en des verdures chaudes, et les lumières se jouent dans les arbres.

Dans les champs, *où quelque rêveuse s'est arrêtée, contemplant l'étendue sans fin et l'horizon sans bornes, le printemps chante sa chanson. Les herbes sont claires et tendres. On sent la poussée de la sève. De l'harmonieuse entente de la terre et du ciel, se dégage une poésie virginale; la saison est toute jeune, et sa jeunesse resplendit. Ce morceau adorable de fraîcheur est supérieur de facture. Et l'on ne saurait dire qu'il s'inspire d'une réminiscence. Il s'inspire de la vérité seule, de la vérité vue. Il ne peut être signé que d'Éva Gonzalès.*

IV

ON *s'est extasié devant les pastels. Avec raison. Il faut bien dire que, dans le nombre, plusieurs sont, incontestablement, des chefs-d'œuvre. Si l'œil est caressé par le discret chatoiement de la* Femme en rose, *si la* Modiste *est comme une quintessence de pari-*

sianisme moderne, si les Pommes d'api sont poussées jusqu'à l'illusion, la Nichée fait penser aux plus jolis motifs du XVIIIe siècle. Le sujet n'a rien de complexe : une jeune femme assise abaisse les yeux sur une corbeille où dorment de petits chiens. Mais l'exécution est merveilleuse. Les grains serrés se marient sans jamais se heurter. Les gris, les violets et les blancs sont assemblés par des gradations et des dégradations patientes, qui font valoir, sans efforts, et les plis coquettement arrangés de la robe, et les gracilités attrayantes que le cachemire emprisonne. Il y a de l'intimité dans l'atmosphère, il y court un parfum modeste et une sorte de mélancolie élégante. On chercherait vainement une page plus suave et plus captivante chez les pastellistes de ce temps-ci — et d'autres temps.

V

Il n'est pas douteux que tous les numéros du catalogue soient vivement disputés. L'accueil fait par le public à l'exposition de la place Saint-Georges fait pressentir l'empressement de la foule à l'Hôtel Drouot. Maintenant, Éva Gonzalès est classée, sa réputa-

tion, qui ne dépassait pas, en décembre, un cercle de connaisseurs, s'est subitement étendue. La célébrité qu'elle méritait, elle l'a. Les acquéreurs, évidemment, vont accourir, et seront d'autant plus acharnés que le chiffre des morceaux qu'ils pourront s'arracher est relativement restreint. L'État se dérangera-t-il? Je l'espère pour lui. Trop fréquemment, il a laissé passer l'occasion d'enrichir nos musées parisiens. Il semble que, pour les contemporains indisciplinés, la porte du Louvre soit murée. Et, cependant, n'y aurait-il point quelque orgueil à léguer à l'avenir les artistes qui nous font honneur, au lieu de remettre à nos neveux le soin de les introduire dans ce palais inhospitalier? Nous verrons bien. Quoi qu'il en soit, le haut renom conquis par Éva Gonzalès est à présent incontesté. Ce n'est pas pour l'accroître que je réclame cette consécration officielle, mais dans le seul intérêt de notre histoire artistique.

EDMOND BAZIRE.

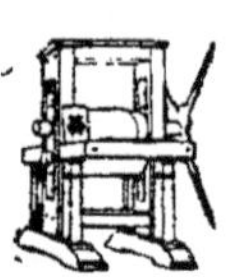

DÉSIGNATION

PEINTURES

1 — Souliers blancs.

2 — Petite Fille au lapin.

3 — Le Petit chien.

4 — Le Carrouge (ferme en Brie).

5 — Ferme à Rebais (Seine-et-Marne).

6 — Le Thé.

Exposition de Londres, 1869.

7 — La Nourrice.

8 — Cerises et groseilles.

9 — La Toilette. Esquisse.

10 — Femme sur la falaise.

11 — Poissons et moules.

12 — Tomates.

13 — Copie d'un Rubens.

14 — Étude d'âne.

15 — Amandes et figues.

16 — Étude de soldat.

17 — Tète de paysanne.

18 — Bouquet.

19 — Cadre de trois petites esquisses.

20 — La Présentation dans la serre. Esquisse.

21 — L'Indécision.

22 — Femme sur un canapé.

23 — L'Avant-port (Dieppe).

— Paysage.

25 — Femme et enfants sur la plage.

26 — La Danse. Étude pour un éventail.

27 — Masures sur la falaise.

28 — La Gouvernante.

29 — Le Messager.

30 — L'Arrosoir.

31 — Étude de femme.

32 — Fleurs des champs.

33 — L'Entrée du jardin.

34 — Tête d'enfant.

35 — Intérieur de modiste.

36 — La Fenêtre.

37 — Le Tronc d'arbre. Étude.

38 — La Plage de Dieppe.

39 — La Jeune élève.

40 — Dans le parc.

41 — Cour de ferme.

42 — Négresse.

43 — Marinette.

44 — Les Oseraies (ferme en Brie).

45 — Camélias.

46 — Poires.

47 — Une Loge aux Italiens.

Salon de 1879.

48 — Dessert.

49 — Dans les blés (Dieppe).

50 — En bateau.

51 — Le Retour du marché.

52 — La Convalescente.

53 — Bateau à marée basse.

54 — Miss et Bébé.

Salon de 1878.

55 — La Femme en bleu.

56 — Étude sur la plage.

57 — La Brouette.

58 — En cachette.

Salon de 1878.

59 — Le Sommeil.

60 — Souliers roses.

61 — Pivoines.

62 — Amandes.

63 — Le Cimetière.

64 — La Toilette.

65 — Raisins.

66 — Le Pont. Paysage.

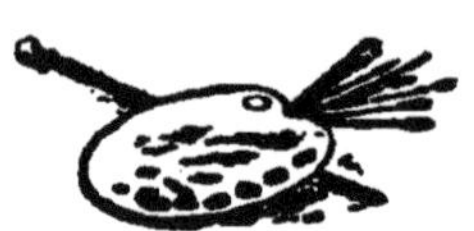

PASTELS

DESSINS — AQUARELLES

67 — Le Moineau. Pastel.

68 — La Plante favorite. Pastel.

Salon de 1872.

69 — Le Panier à ouvrage. Pastel.

Salon de 1878.

70 — Pommes d'api. Pastel.

Salon de 1878.

71 — La Nichée. Pastel.

Salon de 1874.

72 — Sous le berceau (Honfleur). Pastel.

73 — La Femme en rose. Pastel.

74 — Une Modiste. Pastel.

Salon de 1883.

75 — Poires. Aquarelle.

76 — Cadre de cinq dessins.

77 — Oignons. Aquarelle.

78 — Œillets. Aquarelle.

79 — Négresse. Fusain.

80 — Tête de femme. Pointe sèche. Tirée à trente épreuves.

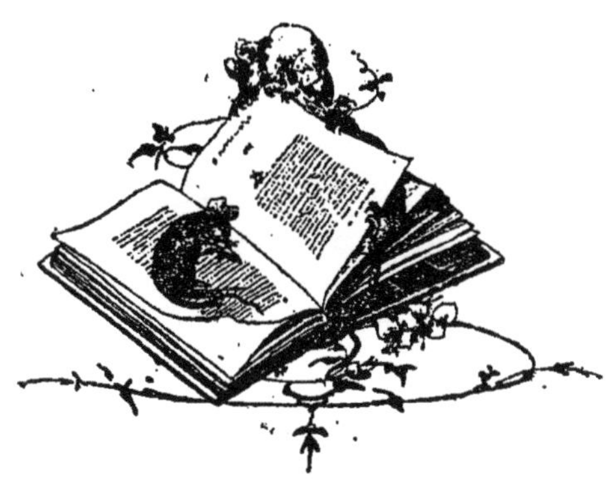

www.ingramcontent.com/pod-product-compliance
Ingram Content Group UK Ltd.
Pitfield, Milton Keynes, MK11 3LW, UK
UKHW021037260726
13994UKWH00005B/2215